父からの伝言［増頁版］

ムックリ演奏CD附属

鈴木 紀美代

藤田印刷エクセレントブックス

父からの伝言

アイヌの伝統楽器ムックリを初めて目にしたのは私がまだ幼い頃でした。

祖父母がホウキの柄を細く割り、マキリ（小刀）で削ったり糸を結んだりしているのを、何を作っているのだろう、と見入っていましたが、出来上がったものが一本のムックリでした。

祖母はさっそくそれを口に当てて糸を引っ張ると、ビューン、ビューンと風のような音が響きます。祖父は「踊れ、踊れ」と言いながら細い棒で炉ぶちを打ち拍子を取るので、私と妹たちが立ち上がると、祖父母は「こうやって踊るんだよ」と、手取り足取り教えてくれたものです。

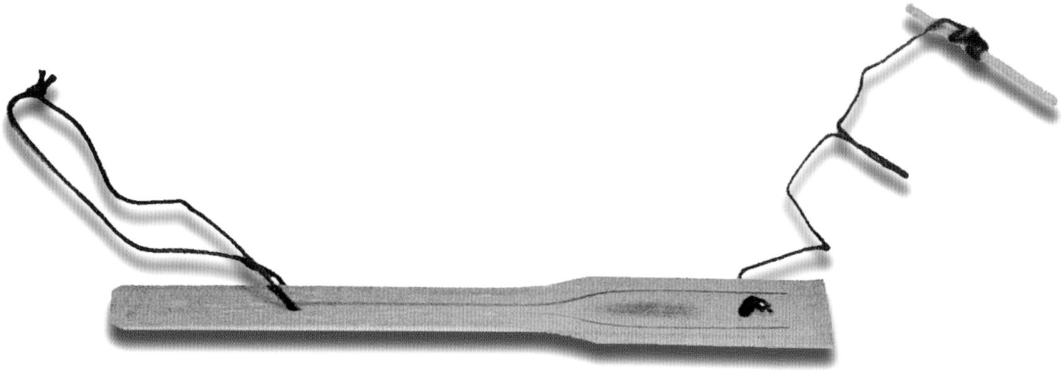

ムックリ（口琴）

私たちは手を叩き、足を踏み、炉端を何度も何度も踊りながら回りました。なにか不思議な気持ちでしたけれど、楽しかったことを、はっきり覚えています。

私が本格的にムックリ作りを始めたのは、釧路で生活していた昭和46年頃でした。

長男の手を引き、長女を背負い、柳町から釧路駅前へ出、そこからまたバスを乗り換えて春採の実家へと通いました。

父は祖父から木彫の技術を習得し、熊を彫ったり、ムックリを作ったりして、生計を立てていましたから、私は少しでも家計の足しになるならと、自然に手伝うようになっていたのです。

10年ほども通った頃からか、私はムックリの音色に強くひかれておりました。

はじめは手伝いにすぎなかったムックリ作りでしたが、もっといい音色を出せるように、と気持ちを込めて作るようになっていたのです。

こうして、手元から生まれる小さな楽器、ムックリの製作と演奏が私の一生の仕事となったのです。

福太郎愛用のタバコ入れ

昭和63年には、なんとか父の跡を継いで独り立ちすることができました。

父が踊る姿は子供の頃から見ていましたが、今思い返しても、力強く、たくましく、しなやかで、足はしっかり大地を踏みしめ、アイヌ民族であることの誇らしさにあふれていました。

イオマンテ（熊送り）やシシャモ祭り、ペカンペ祭りなどには、まず神に祈りを捧げ、それから、奉納の〈剣の舞〉や〈弓の舞〉を披露していました。

けれども私はアイヌ民族のさまざまな伝統行事に取り組んでいた父に、当時は全く無関心でした。そのことがとても悔やまれます。

マタンプㇱ（鉢巻）

実は、若い時に徴兵された父は、戦地で頭を撃たれ、復員した時には言葉が不自由になっていました。

それでもアイヌ民族としての誇りを失わず、率先して継承者としての道を歩んでいたのです。
出征の時、父は10センチほどの小さなイナウ（ヤナギやミズキの木で作る儀礼用具で、神への贈物）をお守りとして作り、袋に入れ、たすきがけにして背中に結わえていた、ということを最近になって知りました。

このイナウがきっと、父の命を守ってくれたのでしょう。

父は平成８年７月、80歳で亡くなりましたが、母もまた父を助け、最後まで連れ添いました。

私は両親の足もとにも及びませんが、これからも、アイヌ民族の伝統楽器ムックリが、誰からも親しまれ愛されるよう願って次代へ引き継いでいきたいと思っています。

この写真集がその一歩となりますように、祈りをこめて。

鈴木　紀美代

祖父、秋辺福治

明治20年7月、阿寒郡
飽別村に生まれる

祖父は若い頃、千島に渡り漁師をした。

漁獲量も豊富な時代で、暮らしは楽であったという。

その地で貯えた資金で、祖父は、釧路市春採に家を建てる。

曾祖母、志富ヱナ

明治６年に生まれる

祖母、秋辺サヨ

明治24年、釧路市春採に
生まれる

晩年の祖父、福治

阿寒湖にて

熊の木彫り作業中の祖父

父、秋辺福太郎

父、秋辺福太郎は大正５年３月、釧路市春採で生まれました。

祖父に熊猟を教わり、18歳の頃には父親と一緒に熊とりにでかけました。

雄阿寒岳や鶴居村を駆け巡り、雄阿寒岳で仕留めた熊は、阿寒の人々に肉を分け、残りを春採まで運んだそうです。

熊の居場所はコタンコㇿカムイ（シマフクロウ）が、夜、焚き火をしているときも鳴き声で教えてくれました。

祖父たちが山で使用した弓は、オンコかアオダモの木で、弦はオヒョウの木の皮で、矢柄はハギ、矢尻はイタヤの木でできていて、トリカブトの毒を塗ったといいます。矢筒を、肩と背にかけて運びました。

熊送りも行っていました。小熊を１、２年飼育した後、神の国に送り出す儀式が３日間行なわれ、最後の日には、天へ向けて矢を射、「親もとへまっすぐ帰ってくれ」と祈りました。

後年、父は男性舞踊の名手と言われましたが、若い頃に祖父に教えられた熊とりの技や祈りのかたちが、父の舞の原点ではなかったろうかと思っています。

父、秋辺福太郎
19歳頃

父は十代の頃から銃剣道に親しんでいたが、この写真は召集される前に写したものと思われる。

20歳の時に旭川27連隊に入隊し、中国で５年間の服役後帰国した。

アイヌの伝統行事でク・リムセ（弓の舞）を奉納する40歳頃の父

子どもの頃から踊りや歌が好きだった父は、エカシの舞踊を見様見真似で覚えた。

やがて周囲の人たちからの勧めもあって、伝統行事のたびに奉納の舞を披露するようになった。

ク・リムセ

© 掛川源一郎

奉納のク・リㇺセ
（弓の舞）

イオマンテ（熊送り）を前に

チセ（アイヌ民族の伝統的な住まい）で

チセは屋根も壁もカヤ（ヨシ）を使って、30センチの厚さに造られている。炉のまわりは床がなく、カヤを厚く敷いた上にゴザを重ねて敷いており、昼夜、いろりの火を絶やさぬため、冬でも暖かかったという。

火は大切にされ、毎日塩とタバコを供えて祈った。

永久保秀二郎翁の頌徳碑前で

兵庫県洲本市灘 アイヌまつりにて ［1969年（昭和44年）4月7日］

エムㇱ（太刀）を右手に、アイヌ衣装を着た現地の子どもと写した１枚。
父は招かれて、全国各地でアイヌの古式舞踊を披露していた。

札幌雪祭りで、
ク・リムセを披露する父

父の背後で、踊りに合わせて歌いながら手拍子をとる母の姿がある。母は、よく父に同行した。

自宅でくつろぐ50代の頃の父

子どもにはやさしくおだやかな性格で、無口な父であった。

でも酒に酔うと怒りっぽくなるので、疎まれることもあった。

ク・リㇺセ

© 掛川源一郎

肩にかけているエムㇱは、悪霊を退散させるための神具。

神に祈りを捧げる父

©掛川源一郎

昭和51年　釧路市大楽毛 阿寒川河口での「シシャモ祭り」

シシャモは神のつかわした魚、豊漁を祈願しカムイノミ（祈りの儀式）をする。
左より母トヨ子、父、故 泉沢モヨ子氏、故 丹葉節郎氏、故 矢野忠治氏。

愛用の帽子を被り、自宅玄関前に立つ父

父は、木彫りやムックリの製作で一家の生計を立てていた。

これはムックリを入れるために、最初に作った販売用の袋。

父はムックリを仕上げると口に当て、何度も音を出しては耳を傾けていた。

より良い響きを求めて真剣にムックリと向き合う父の表情が、この写真と重なる。

熊を彫る父

父は熊のほかにマキリ（小刀）や鮭、壁かけ、壺なども製作した。

祖父の彫り方を受け継いで、文様は太陽や雲、川や海を表現し、自然への感謝を込めながら彫り進めたという。

阿寒湖温泉のみやげ店で働く父と母

　父はよく写真のモデルも頼まれ、気軽に応じていたので、店の方はもっぱら母が客の応対に明け暮れた。

ク・リムセの出番を待つ父

　アイヌ古式舞踊の踊り手は少なく、伝統行事に父は必ず参加していた。

　年齢を重ねるごとに風格も備わって、「本もの」と評されるようになる。

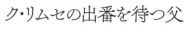

郵便はがき

63円切手
を貼って
投函して
下さい

0 8 5 - 0 0 4 2

釧路市若草町3番1号
藤田印刷エクセレントブックス
父からの伝言[増頁版]
編集部 行

■お名前

男・女　年齢　歳
ご職業

■ご住所(〒　-　)

1.自宅
2.勤務先
3.学校

■本書をどのようにしてお知りになりましたか

①書店で実物を見て　②広告を見て（掲載紙名　）
③小社からのDM　④小社ウェブサイト　⑤その他（　）

■お買い上げの書店　市　書店

■メールアドレス　@

■お買い上げの動機

①テーマへの興味　②著者への関心　③装幀が気に入って
④その他（　）

24.3

皆様の声をお聞かせください

ご購読ありがとうございました。お手数ですが下記のアンケートにお答え下さい。また恐れ入りますが、切手を貼ってご投函下さるようお願い申し上げます。

■今までに藤田印刷エクセレントブックスの単行本を読んだことがありますか

①ある（書名：　　　　　　　　　　　　　　　　　　　　　　　　　）

②ない

■本書のお気づきの点や、ご感想をお書きください。

■今後、藤田印刷エクセレントブックスに出版を望む本を、具体的に教えてください。

ご購読、およびご協力ありがとうございます。このカードは、当社出版物の企画の参考とさせていただくとともに、新刊等のご案内に利用させていただきます。

父と母［1973年（昭和48年）撮影］

© 掛川源一郎

父の「弓の舞」に合わせて、手拍子をとりながら唄う母（左端）

© 掛川源一郎

イヤ　コウコウ　ネイタ　ロックン　チカㇷ゚

イヤ　コウコウ　カリ　コㇿ　カイヤ

あっちこっち みながら どこに とまる 鳥

あっちこっち みながら いったりきたりしている

阿寒湖温泉の
みやげ店で
尺八を吹く父

若い頃から、尺八やハーモニカの吹き方を独学で覚え、いつも楽しんでいた。

阿寒湖で観光客を前に

父は72歳頃まで
古式舞踊を奉納していた

昭和63年、父は「アイヌ文化伝承記録映画」に出演する。

マキリを作る工程を実演し、記録として保存された。

父と母

「アイヌ文化を伝承する人々」

秋辺さん 釧路 を映画に記録

ムックリの製作伝承で

―アイヌ無形文化伝承保存会―

財団法人アイヌ無形文化伝承保存会（野村義一会長）は、郵政省の補助によって記録映画・人物シリーズを製作しているが、六十三年度は「アイヌ文化を伝承する人々」（仮題）として、釧路市春採二丁目の秋辺福太郎さん(七三)を取り上げることになった。このほど札幌市で開かれた評議員会で決まったもので、様似町白泉の岡本ユミさん(八六)によるアイヌの食の伝承、弟子屈町屈斜路の工藤カツヨさん(八〇)によるイトウの料理やクッチャロの地名についての伝承とともに、秋辺さんの神具とムックリの製作伝承を十六ミリ映画に記録する。

札幌に事務局を置く同保存会は、アイヌの伝承文化を保存するため、記録映画の製作や民俗文化財の調査などの事業を行っている。このうち郵政省の補助を受けて実施している記録映画・人物シリーズは、これまで「フチとエカシを訪ねて」と題して毎回一千万円ほどの予算で製作されている。

六十三年度は第六回を数え、古老が伝承するアイヌ民俗文化財を人物中心に記録するもので、カラーの十六ミリフィルムにより六十分の映画となる予定。

ムックリの製作・演奏などを伝える秋辺さん

この記録映画に取り上げられることが決まった秋辺さんは春採の長老。亡父福治さんがアイヌの祭事を司どった人で、神具のひとつである花矢た。また亡母サヨさんは、マキリでムックリをつくっては自分で演奏して楽しんでいたという。その両親から習い覚えた秋辺さんは、今では数少なくなったこれらの伝承者の一人だ。

秋辺さんによると、花矢は、クマ送り、フクロウを送るときで、矢の先が異なり、また日高と釧路で形は違うという。マキリは、柄と鞘を製作し彫刻を施すが「柄と鞘をぴったりと合わせるのが難しい」と語っている。ムックリは、今はみやげ用に、竹を材料にして大量生産されているが、秋辺さんが母から教わったのは、サビタの木を材料にして一つひとつをていねいに仕上げる手づくりのものだ。その演奏は、小川のせせらぎや風の音、熊の鳴き声など、さまざまな表現がある。

秋辺さんはいま、入院療養中だが、その手になる伝承文化に光があてられ、次代に引き継がれていくのを待ってい

同保存会の評議員会には、釧路ユネスコ協会長の丹葉節郎さんも出席、釧路の名づけ親・松浦武四郎の事跡も記録映画に―と提案した。

釧路新聞　1988年（昭和63年）5月29日（日曜日）

平成8年7月25日　父 秋邊福太郎、勲八等を橋本龍太郎総理大臣より賜与。

母、秋辺トヨ子

大正11年、常呂郡常呂村に生まれる。

昭和21年、秋辺福太郎と結婚。7人の子をもうけ、平成8年に父が亡くなるまで苦楽を共にした。

2003年度 アイヌ文化奨励賞受賞。

そして、私に
受け継がれたもの

母はとても目が良く、ムックリを作っている私の側に座って昔話をしながら、紐つけを手伝ってくれることがありました。

そんな母の口から、私が小学校５、６年生の頃にはもうムックリの作り方を父に習っていた、と聞かされ驚きました。全く記憶になかったからです。父からはアイヌ文化について聞いたことも、民族楽器の作り方を覚えるように言われたこともありませんでしたが、いつの間にかムックリの魅力に心ひかれていたのでしょう。

ずっと大人になってから、父のような良い音色が出せなくて悩み、どうしたらよいのかと聞いた時、父は「ムックリに教えてもらいなさい」と言ったのです。この言葉を忘れることはできません。

父はマキリを作る時にも、火の神様に酒やタバコを捧げて感謝を述べ、良いものができますように、と祈っていました。

マキリもムックリも自然が与えてくれた素材から作るのだから、これらは神の贈物なのだということを忘れずムックリと向き合いなさい、と教えてくれたように思います。

まだまだ父の奏でる音色には至りませんが、これからもムックリの響きと心を通わせ、父に近づきたいと思っています。

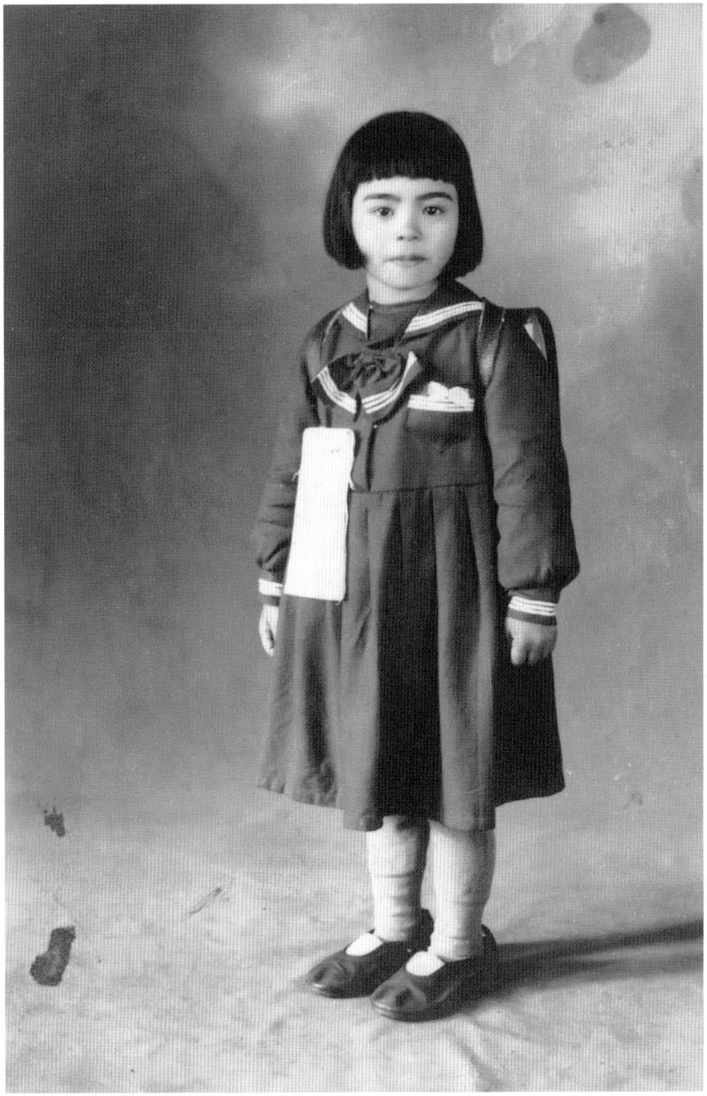

鈴木紀美代
小学校１年生

紀美代（秋辺福太郎 長女）

19歳の頃、釧路駅裏で。

富江（秋辺福太郎 二女）

阿寒湖にて。

仲間たちと造りあげた丸木船の上で、孫と遊ぶ父（左端は紀美代）。

釧路市民文化会館のステージで、友人たちとムックリを演奏する。

1995年、竹工芸科職業訓練指導員（アドバイザー）の資格取得後、北海道教育大学函館校にてムックリ製作から演奏までを指導。

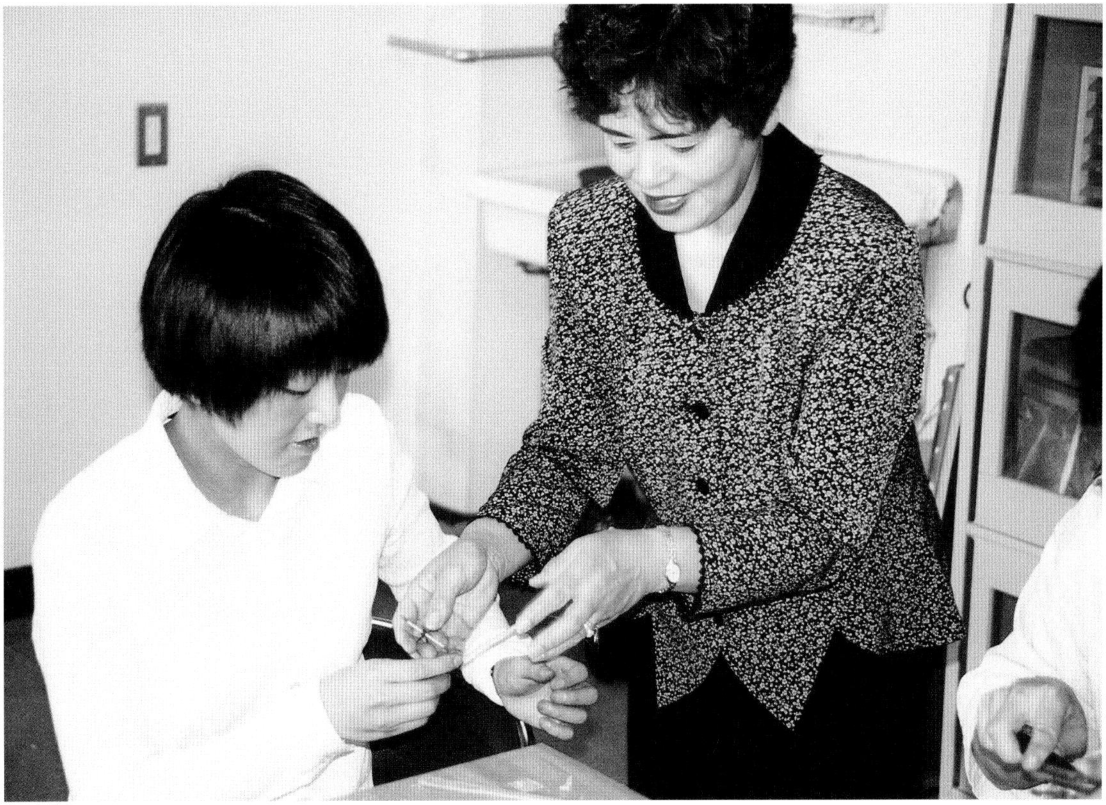

北海道教育大学函館校には、5年ほど通い、ムックリの指導を続けた。

2006年第5会国際口琴大会（オランダ/アムステルダム）に参加

アムステルダム大会で友人とムックリを演奏

2011年6月23日～26日　第7回 国際口琴大会（ロシア・サハ共和国/ヤクーツク）参加

写真提供：直川礼緒

第7回国際口琴大会
（サハ共和国）

〝ギネスに挑戦〟
1,000名による口琴大演奏
写真提供：直川礼緒

2022年第９回国際口琴大会（ドイツ／ベルリン）参加

１回目の参加はノルウェー・ラウランド、２回目オランダ・アムステルダム、３回目ロシア連邦サハ共和国・ヤクーツク、４回目ドイツ・タウハ、今回はドイツ・ベルリンで開催されました。

私は９回開催された内の５回目の出場となり、これを最後と決めて参加させて頂きました。

ムックリ大会では、会場へ着いたら大勢の口琴奏者がいました。

毎回圧倒されます。

３日間かかって、どの位の人数か分かりませんが、ほとんどが金属ホムスで有り、竹製は少なかった。

その中の１人として、少し気はずかしい気持ちとちょっぴり誇らしい気持ちでもあった。

2022年、第９回国際口琴大会
（ドイツ／ベルリン）にて

中央に鈴木紀美代をはさんで、左に川上さやかさん（苫小牧）、右に郷右近富貴子さん（阿寒湖）

苫小牧の川上さやかさんの思い出

私は幼少期、週末や長期休みになると、平取町二風谷に暮らす伯母の山道康子（アシㇼ・レラ）の家によく預けられていました。

伯母は当時から鈴木さんのムックリを購入していて、ムックリがたくさん入った箱の中から何本か取り出して私にくれていたのを覚えています。

伯母の家では毎日夜８時になると歌・踊り・ムックリの練習をしなければならず、私が物心つく前から親戚や兄弟たちに混ざり、一緒に練習していました。

鈴木さんのムックリを幼少期から使用してきたため、どんな方なのかずっとお会いしたいと思ってきましたが、ドイツで行われる国際口琴大会に出場することが決まった時期にお会いすることができてとても嬉しかったです。

また、いつも演奏の参考にさせていただいていた、郷右近富貴子さんと一緒に国際口琴大会に出られたことは、私にとってとても大切な思い出になりました。

阿寒湖の郷右近富貴子さんの思い出

2011年第７回国際口琴大会がロシア・サハ共和国で開催され、鈴木紀美代さんと共に私も含めアイヌは総勢５名参加しました。サハ共和国は口琴のメッカと言われている所。

世界の口琴奏者が集い、お互いに口琴を吹き鳴らし交流を楽しみます。

様々な衣装やスタイルで素材も様々。鉄や真鍮・木製・そして竹。そしてどれもが「びょよん」という音。言葉が通じなくとも口琴を響かせ合うことで通じ合える、不思議な魅力を持つ楽器です。そんなサハ共和国でのコンテストにて、紀美代さんは製作の部（金属以外）で最優秀賞を受賞され、感涙していた紀美代さんの姿が忘れられません。

2022年には第９回国際口琴大会がドイツ・ベルリンで開催され、鈴木さんご夫妻と川上さやかさんらと共に参加できたことは、とても嬉しいことでした。『ムックリ』を通して私の世界は本当に広がりました。

アイヌに『ムックリ』という楽器があって本当に良かったと今心から実感すると共に、素晴らしいムックリを代々作り続けてきた紀美代さんを心から尊敬しています。

ムックリを通じて広がるつながり

直川礼緒（日本口琴協会 代表）

2014年、ライプツィヒのグラッシイ民族学博物館で、スタッフにムックリを披露
写真提供：直川礼緒

鈴木紀美代さんとムックリや口琴をとおしたお付き合いをさせていただいて随分長くなる。海外で開催されてきた国際口琴大会にも、何度もご一緒した。一番最近の第9回大会（2022年7月ベルリン）のときは、コロナ禍がやっとおさまる気配を見せ、海外旅行も限定的に再開され始めた時期で、予約便の突然のキャンセルなど、通常に比べて格段にハードルの高いドイツ行きとなった。予定されていた、鈴木さんご夫妻によるムックリ製作ワークショップで使うマキリも、本数や全長と刃渡りなど、詳細に航空会社に連絡する必要があった上、預けた荷物はかなりの確率で不着・遅延が生じていると旅行会社から警告され、不安に包まれて日本を出発。ベルリンの空港で、うず高く積まれた滞留荷物の山に囲まれて、荷物が出てくるまでに夜中の3時まで5時間近く待たされたときには、どうなることやらと途方に暮れた。

そんな思いをして辿り着いた8年ぶりの国際口琴大会は、コロナで参加できない人たちが多数いたとはいえ、かなり充実したものであった。屋外ステージでの開会式の最初にプログラムされていた、鈴木紀美代さん・郷右近富貴子さん・川上さやかさんの3名によるカムイノミ（鈴木さんが祭祀を務めたのは、この時が最初だとのこと）に続くムックリ演奏は、観客の心に響く素晴らしいものとなった。他にもムックリ製作ワークショップ、屋内ステージでの演奏、研究発表などの合間に、旧知の世界中の口琴仲間たち、新しく知り合った口琴友達と交流する。こんな小さな楽器、どこの国でも片隅に存在する程度で、ほとんど見向きもされないような楽器が、実は世界に広まっており、それを心から愛している人たちが世界各地にいて、数年に一度の集まりでは、話す言葉も違うのに自然に交流している、ということがとても不思議に感じられる。

そんな国際口琴大会のときには、せっかくの機会を利用して現地の博物館などを訪れ、より多くの口琴情報を得るよう心掛けている。2022年の今回は、ベルリンの国立民族学博物館の収蔵庫で、1884年にサハで収集されたというムックリと全く同じタイプの木製の口琴を見学する機会に恵まれた。

2014年の第８回大会のときには、開催地近郊の大都市ライプツィヒの民族学博物館で、1905年にポーランド人の民族学者ピウスツキが西サハリンで収集した、樺太アイヌのムックリを見せていただいた。ことのきも鈴木さんは、「国後に住んでいた時期もある祖父を思い出して、懐かしい気持ちになる、この場を離れたくない」と、じっと楽器を見つめておられた。

本州以南では、平安時代の鉄口琴の出土が埼玉と千葉で計４例。江戸時代にはやはり鉄の口琴が大流行して幕府が禁止したという記録も残ってはいるが、伝統としては昭和初期に一旦途切れており（ここ30年ほどの間に、製作者や演奏者も現れてはいるが、新しい伝統と言えるだろう）、実物も全くと言っていいほど残っていない。これに比べて、アイヌ民族のムックリの伝統は、演奏・製作ともに脈々と受け継がれており、特にその両方で活躍する鈴木さんの存在は、非常に貴重なもの。彼女が祖先から受け継いできた「伝言」が、さらに引き継がれていくことを望みたい。

2014年、ライプツィヒのグラッシイ民族学博物館で、スタッフらと
写真提供：直川礼緒

2022年、第９回国際口琴大会（ドイツ、ベルリン）、開会イベント

写真提供：直川礼緒

オーストリア、ドイツの参加者たちと

2022年、第９回国際口琴大会（ドイツ、ベルリン）、開会式

写真提供：直川礼緒

カムイノミで大会の無事を祈る

2022年、第 9 回国際口琴大会（ドイツ、ベルリン）

ムックリ製作ワークショップ

2022年、第 9 回国際口琴大会（ドイツ、ベルリン）

ムックリ製作ワークショップ

写真提供：直川礼緒

2022年、第９回国際口琴大会（ドイツ、ベルリン）のステージ

郷右近富貴子さん、
川上さやかさんと

2022年、第９回国際口琴大会（ドイツ、ベルリン）

ドイツ・オーストリア・イタリア・オランダ・イギリス・ハンガリー・チェコ・リトアニア・カナダ・アメリカ・モンゴル・サハの参加者たちと

写真提供：直川礼緒

2022年、ベルリンの国立
民族学博物館収蔵庫で

140年ほど前のサハの木製と鉄製の口琴を見学

2014年、ライプツィヒの
グラッシイ民族学博物館で

100年以上前の樺太のムックリを手に取る

写真提供：直川礼緒

2014年、第８回国際口琴大会（ドイツ、タウハ）

サハの参加者たちと

2014年、第８回国際口琴大会（ドイツ、タウハ）のステージ

写真提供：直川礼緒

2022年　第９回国際口琴大会（ドイツ、ベルリン）　ムックリ製作ワークショップ

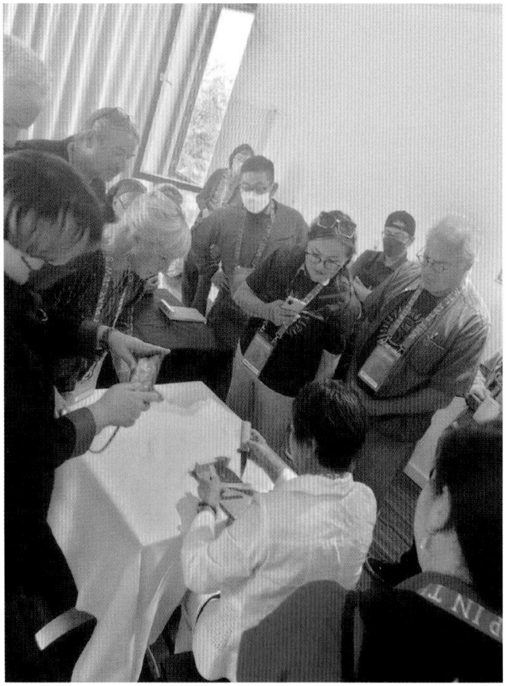

この度は初めてムックリ製作ワークショップが有り、外国では初めてなので心配でしたが、いざやって見ると、日本人女性の現地通訳の美保さんがずっとそばにいて下さりとても助かりました。

思っていたより人が集まり、皆さん真剣にムックリ作りに取り組んで下さり、私も皆さんといっしょに楽しんで来ました。

どの方も無言で竹をけずりながら、少しでも音が出るとホッと歓声が上がり、私はマイムックリですよ、がんばってと声をかけながら、仕上がったムックリをならして喜んで持って帰られました。

作業も考えていたより時間もかからず指などけがもせずホッとした１日でした。

2022年7月26日　ベルリン民族博物館収蔵庫訪問　アイヌ資料・口琴コレクション見学

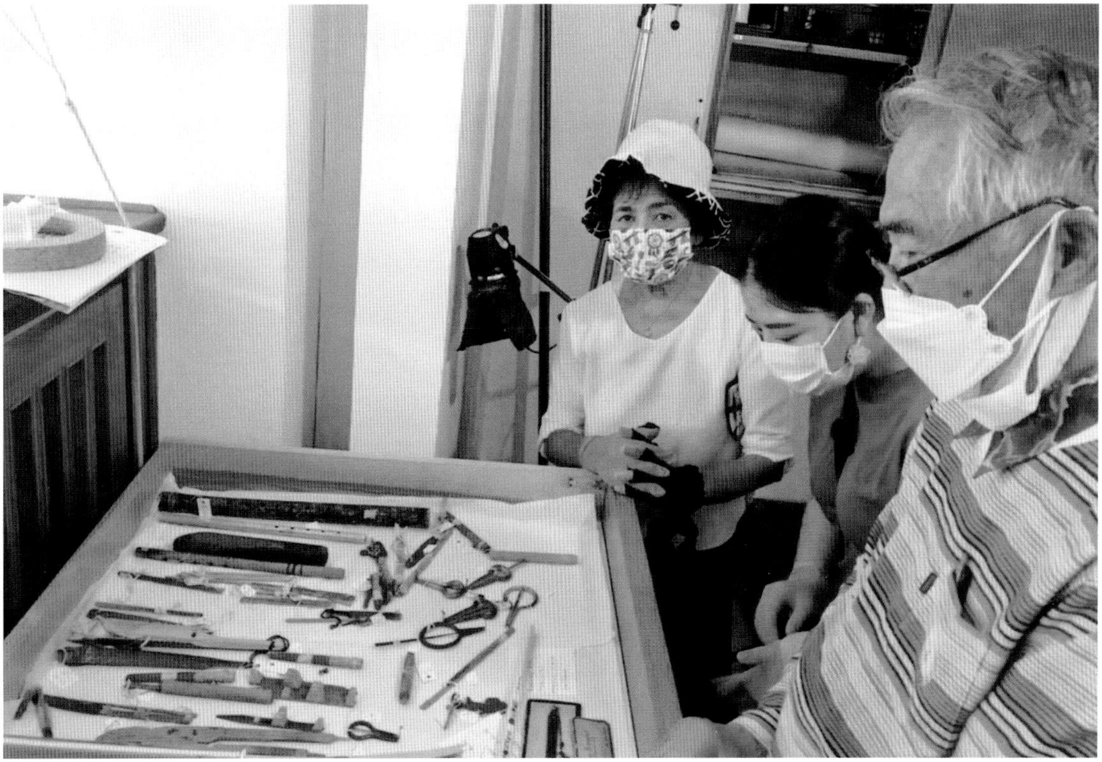

口琴は古くから先住民が作って楽しんでいたのが明らかで有り、私の祖父母、明治生まれのジイさんバアさんが、今のムックリとは少し違う、あまりきれいとはいえない物でしたが、ひもも今のとは違う糸の少々太いような感じで、大正生まれの私の父福太郎が昭和40年代頃、これは民芸品の中で商売として売れるかもと、作り出した物でした。

その後、父から私へと今にいたっています。

私は20才頃から、本格的にムックリ専門に作りつづけている所です。

北海道新聞　1999年（平成11年）6月24日（木曜日）

アイヌ民族の文化 ムックリを手作り

鶴居の名人夫妻、指導

音が出るたび歓声上がる

【函館】アイヌ民族の伝統楽器ムックリ（口琴）作りの名人である釧路管内鶴居村の鈴木政昭さん(五〇)＝同村職員＝、紀美代さん(五二)夫妻が二十三日、道教大函館校の佐藤昌彦助教授（美術教育）に招かれ、美術教育専攻の学生にムックリの作り方を指導した。アイヌ文化を〝教師の卵〟を通して学校現場へ広めようと企画された。

一昨年に施行されたアイヌ文化振興法では、学校現場でアイヌ民族についての知識普及に努めることが提唱されている。ムックリの学校教材化に取り組んでいる佐藤助教授は、同法に基づいて設立されたアイヌ文化研究推進機構（本部・札幌）のアドバイザー派遣制度を活用して、鈴木夫妻を函館に招いた。

鈴木夫妻は、鶴居村や釧路市で小学生や愛好者にムックリ作りを教えたことはあるが、大学の教壇に立つのは初めて。長さ十五㌢、幅二㌢の竹を振動しやすいよう、ナイフで削り、綿の糸を付けて音が鳴るようになるまでを指導した。

学生たちは、自作のムックリが鳴るたびに歓声を上げ、大学院生二年の千葉めぐみさん(二四)は「実際にムックリを見たのは初めて。音が出るとうれしいですね」と楽しそうだった。

授業を終えた紀美代さんは「みなさんが真剣に取り組んでくれたので充実感でいっぱいです」と話し、佐藤助教授も「ムックリを自ら作ることで、アイヌ文化の魅力を教育現場で子供たちに伝えてくれることを願っています」と期待した。

北海道新聞　2007年（平成19年）12月18日（火曜日）

悲劇乗り越え前へ一歩

ムックリ作りの名人

鈴木《すずき》　紀美代《きみよ》さん(60)

祖父は釧路市春採のエカシ（長老）の故秋辺福治、父は古式舞踊の中でもエムシリムセ（剣の舞い）の名手として知られた故秋辺福太郎。小さいころから祖父母が奏でるムックリの音色に合わせて踊った。

しかし、それは望んでいたことではなかった。学校など外の世界では、アイヌへの差別的な雰囲気を感じていたからだ。父が人前で踊った後、「やめてくれ」と反発したことも。父は何も言わずに黙っていた。

二十歳を過ぎたころ、父のムックリ作りを手伝い始めた。作っているうちに楽しさを覚え、自分でも奏でるようになった。ただ、それはあくまで生計を立てる手段にしかすぎなかった。

一九八九年一月十五日。すべては、この瞬間に変わった。当時高校三年の長女成美さんが交通事故で亡くなったのだ。「何がなんだか分からなくなった。一年間くらい記憶喪失のような状態だった」

夫政昭さん(五八)の支えで、ムックリ作りを継続。政昭さんの転職で鶴居に移って間もなく、道ウタリ協会鶴居支部長への就任を要請されたときも、政昭さんは理解を示してくれた。

「このころを境に、ムックリ、そしてアイヌ文化との付き合い方が変わった」。ムックリ作りが生活の糧から、生きることそのものになったのだ。

一カ月に製作するムックリは二千―三千本。竹やひもなどは市内の主婦ら数人に委託し、最後の仕上げを行っている。

ただ、民族衣装を着て表に出たりすることに抵抗を感じることも。「アイヌであることを全面に出したい自分と、そうでない自分が心の中にいるの」と複雑な思いを打ち明ける。

近く父福太郎から受け継いだ文化を一冊にまとめた写真集「父からの伝言」が出版される。自身のムックリ演奏を収録したCDとともに、全道各地の学校などに配布される。

話が財団法人アイヌ文化振興・研究推進機構から持ちかけられた時も、前へ踏み出せない自分がいた。そんな時、成美さんの声がした。「ママ、今、作らなくちゃ。頑張って」

そして、思う。「父からいろいろなことを教えてもらっておけばよかった。だからこそ今、一生懸命勉強して、少しでも多くの人に文化を広げていきたい」

（文・村田亮、写真・桜井徳直）

1947年標茶町生まれ、釧路市春採育ち。88年、ムックリ製作者として独立。95年、道の竹工芸科職業訓練指導員の免許を取得。2001年、道ムックリ演奏大会で優勝し、02、06年の世界口琴大会に出場した。

ムックリ作り

鈴木《すずき》　紀美代《きみよ》さん(67)＝釧路市

せんこん 匠の技 ③

音色の調整 妥協せず

長さ15㌢、幅3㌢ほどの竹の裏側をマキリ（小刀）で荒削りする、アイヌ民族伝統の楽器「ムックリ」（口琴）作りの仕上げ作業。時々口の前ではじいて音を出しながら振動する弁の厚さを調整し、1本30秒ほどで完成させる。ムックリ作りの職人、鈴木紀美代さん(67)は「弁は竹の皮1枚に少し肉をつけるぐらいがちょうどいい。髪の毛1本分違っても音が変わってくるよ」と語る。

ムックリ作りの仕上げをする鈴木さん。わずかな音の違いも聞き逃さない

■材料に手間かけ

材料作りに特に手間をかける。滋賀県や新潟県などから長さ7～8㍍の竹を仕入れる。ほどよい固さや厚さがないと音に影響が出るため、実際に使えるのは全体の3分の1ほどだ。

まず、竹を半年から1年ほど乾燥させる。のこぎりでちょうどいい大きさに切り、サラダ油で揚げる。さらに、風通しのいい場所に竹を置いて1～2カ月かけて油を抜く。こうすることで、ムックリの弁がよく振動し、水分が抜けるので長持ちするのだ。

作業は8人で分担する。糸のこぎりで形にしてひもを通す穴を開け、一本一本丁寧に吹いた上で、鈴木さんが仕上げにかかる。弁を振るわせて「1、2、3、4」のタイミングで止まれば上出来だ。うまくいかなければ、その場で竹を折って捨ててしまう。

月に2千～4千本ほど手がけ、多いときは1日800本になるときもある。阿寒湖アイヌコタンの民芸品店や胆振管内白老町のアイヌ民族博物館などで販売している。鈴木さんは「少しでもいいムックリを作ろうと思うとなかなか満足できず、本当に気に入るのは千本のうち2、3本だけ」。

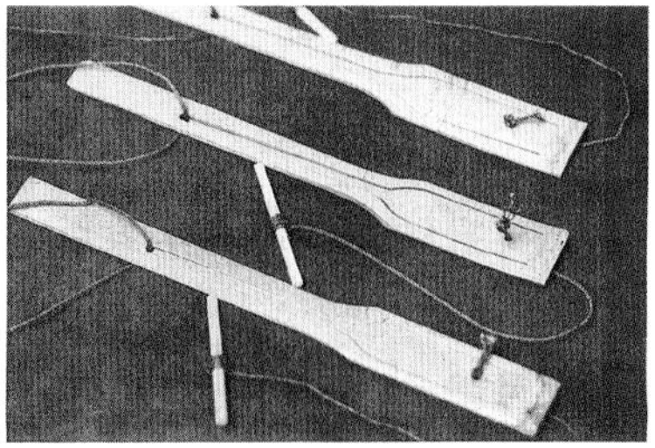

◀阿寒湖アイヌコタンの民芸品店などで販売しているムックリ

■文化伝承へ意欲

鈴木さんは標茶町出身。アイヌ民族の父・秋辺福太郎さんと和人の母・トヨ子さんの間に生まれ、幼いころからムックリは身近だった。誕生日や出産など祝い事で親戚一同が集まると、祖父の福治さんがムックリの音色を響かせ、祖母が茶わんや箸でリズムを取る。自分は妹と一緒に踊り、楽しかったのをよく覚えている。

20歳を過ぎた頃、福太郎さんのムックリ作りを手伝い始めた。口数の少ない福太郎さんは「分からないことはムックリに教えてもらえ」との考え。鈴木さんは福太郎さんをよく観察し、必死に作り方を覚えた。41歳になった1988年に独立。当時、阿寒湖温泉に多くの観光客が押し寄せており、ムックリの注文が殺到した。病院での介護助手の仕事を掛け持ちしながら、朝4時から夜遅くまで作業に打ち込んだこともあった。

鈴木さんは若いころ、アイヌ民族であることが嫌だった。ムックリ作りもかつては家計を支えるためだったが、40歳を過ぎた頃から奥深いアイヌ文化を次の世代に伝えたいと思うようになった。

ムックリ作り教室の講師の依頼があれば引き受け、今年8月上旬にはドイツのベルリンで開かれた世界口琴大会に出場。各国から来た千人近くの前でムックリを演奏し、満場の拍手を受けた。鈴木さんは「釧路にもまだムックリを知らない人がいる。素晴らしい音色を多くの人に知ってもらうまで、まだまだ辞められない」と力を込めた。

（長谷川裕紀）

北海道新聞　2014年（平成26年）9月1日（月曜日）

釧路で長年ムックリ製作、演奏

鈴木さん　文化庁長官表彰

長年にわたり文化活動に優れた成果を示し、文化の振興に貢献した個人や団体を表彰する「文化庁長官表彰」に、釧路市在住でアイヌ民族の伝統楽器「ムックリ」の製作や演奏を行う鈴木紀美代さん(72)が選ばれ、6日に東京霞が関の文化庁で表彰を受けた。

鈴木さんは標茶町生まれで、祖父・秋辺福治さんと父・秋辺福太郎さんもムックリ製作者。子供のころからムックリを間近で見ており、1971年から本格的に父の手伝いを始め、88年に父の跡を継いだ。製作を手伝ううちにアイヌ民族への興味が強まり、「さまざまな伝統行事に取り組んでいた父を誇りに思うようになった」といい、継承者の道を選んだという。

その後、世界口琴大会にも数回参加しており、2011年のサハ大会では優秀賞に輝いている。高校や大学などでもムックリの製作を指導するなど、アイヌ文化の普及や発展に貢献したことが評価された。

ムックリを製作するには、竹を約1年間乾燥させる必要があり、うまく乾燥できなかった場合は油で竹を揚げることもあるという。孟宗竹やマダケを帯広や北見から取り寄せている。自然の素材から作るため「神の贈り物だという気持ちで、感謝を忘れずに製作することを心掛けている」と話す。

鈴木さんによると、10年ほど前は釧路にムックリ製作者が数人いたが、現在は趣味以外で製作や販売をしているのは日本でも鈴木さんのみだという。そのため、8人ほどに協力してもらいながら毎日約200本を製作しているという。

今回の受賞に際し、鈴木さんは「70歳で製作をやめようとも考えていたが、続けていてよかった。現在後継者がいないことが一番の悩み。父から受け継いだ技術を誰かに伝承していきたい」と話していた。

表彰状
鈴木紀美代殿
あなたは永年にわたりムックリの
製作や演奏活動に尽力しアイヌ
文化の普及と発展に多大な貢献を
されましたここにその功績を
たたえ表彰します
令和元年十二月六日
文化庁長官　宮田亮平

アイヌ文化の普及や発展に貢献したとして「文化庁長官表彰」を受賞した鈴木さん

釧路新聞　2019年（令和元年）12月14日（土曜日）

ムックリの製作

出来上がったムックリは
１本１本音を出して確認する。

ムックリが出来上がるまでの工程

1 .青竹の乾燥
2 .竹の特徴を見て素材を選ぶ
3 .長い竹を30cm に切る
4 .小割・薄くする
5 .型描き
6 .穴あけ①
7 .切り抜き
8 .穴あけ②
9 .油で揚げる
10. １本ずつ布で拭く
11. ダンボール箱に新聞紙を敷き、
 並べて油抜きをする
12. 荒削り
13. 更に油抜き
14. 仕上げ
15. 紙ヤスリかけ
16. 組付け・棒付け
17. 音の調整

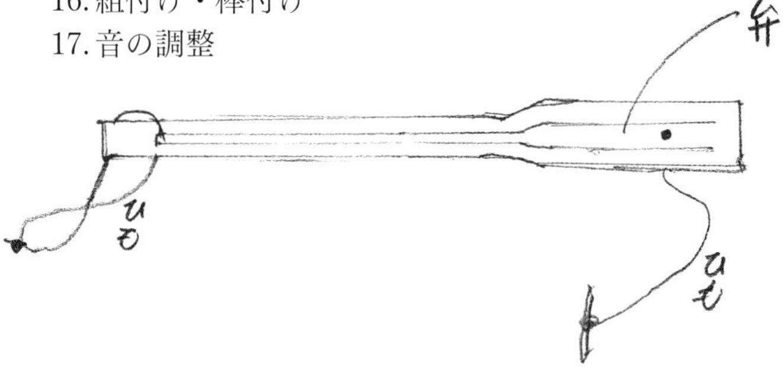

製作者：**鈴木 紀美代**（すずき きみよ） Suzuki Kimiyo

1947年　北海道標茶町生まれ
1971年　父、秋辺福太郎のムックリ製作を手伝い始める
1988年　ムックリ製作者として独立
2001年　第７回　北海道ムックリ演奏大会（札幌市）優勝
2002年　第４回　国際口琴大会（ノルウェー／ラウランド）参加
2006年　第５回　国際口琴大会（オランダ／アムステルダム）参加
2011年　第７回　国際口琴大会（ロシア・サハ共和国／ヤクーツク）参加
　　　　　　　　「非金属口琴」製作部門最優秀賞受賞
2014年　第８回　国際口琴大会（ドイツ／タウハ）参加
2019年　写真集　「父からの伝言」発刊
2022年　第９回　国際口琴大会（ドイツ／ベルリン）参加

1996年より全国各地でムックリの製作、演奏指導を通してアイヌ文化の継承と交流に努めている

あとがき

2007年12月に友人の青地久恵さん、藤田民子さんのご協力を戴きまして『父からの伝言』をまとめてから丸16年が経過しました。お蔭さまで当時の在庫が殆どなくなるまでに至りまして、此の間、多くの激励やご評価を頂戴して参りました。

また「掛川源一郎写真委員会」様からのご許可ご協力を頂戴しまして写真掲載が出来ましたことも幸甚でした。改めまして御禮と感謝を申し上げます。

2020年白老に国立アイヌ民族博物館（ウポポイ内）が開設され、更には「アイヌ民族支援法」（アイヌ新法）も2019年春にまとめられるなど、アイヌ民族を取り巻く環境は、国際社会の中で大きな変貌を遂げております。

しかし、150年間に亘る同化政策により、言語を奪われ、名前を変えられ、土地や森林を失い、採集権や狩猟権も奪われて来たアイヌ民族の復権や権利回復は簡単ではないのです。

カナダやオーストラリア、ニュージーランドの様な多文化・多言語共生、更には先住民族権復権の各先進事例の様に至るには、我が国はまだまだ時間がかかることでしょう。

果たして私は父や母の良き理解者であったと言えるでしょうか。今も時々自問を続ける毎日です。でも唯一、父から受け継いだムックリ製作と演奏だけは今なお続けております。

2007年、2019年に引き続きまして、此の度、新ひだか町三石の幌村建設幌村司様のご支援を頂戴し『父からの伝言』３度目の増頁版刊行をみることが叶いました。

私の生き甲斐でもあるムックリ演奏CDを付帯したのは、アイヌ民族の文化伝承である民族音楽を歴史に残したい一念からです。

また釧路市立博物館でも大人気のムックリ製作工程の画像は、二次元バーコードを付帯しまして、ユーチューブ（YouTube）で、見ることが出来るようにしました。

本書がアイヌ民族理解の一助になることを願っています。

イヤイライケレ（iyayraykere）。

2023年11月

鈴木　紀美代

父からの伝言［増頁版］

発行日　2024年３月23日
著　者　鈴木　紀美代
発行人　藤田　卓也
発行所　藤田印刷エクセレントブックス
〒085-0042　釧路市若草町3番1号
TEL. 0154-22-4165　FAX. 0154-22-2546
印刷・製本　藤田印刷株式会社

撮影者の記載がない写真は現在調査中です